1789

ANNO 1910

4

5

2

Moment Aufnahmen

Das Bergische Land

DIE SCHÖNSTEN SEITEN | AT ITS BEST | LES PLUS BELLES FACETTES

Udo Haafke & Alexander Richter

SUTTON

Schieferkunst im Bergischen Land.
Slate art in Bergisches Land.
Art de l'ardoise au pays de Berg.

Impressum

Sutton Verlag GmbH
Hochheimer Straße 59
99094 Erfurt
www.suttonverlag.de

ISBN: 978-3-95400-341-9

Gestaltung und Satz: Sutton Verlag
Übersetzung: Easytrans24.com, Hamburg
Druck: Florjančič Tisk d.o.o. / Slowenien

Pauluskirche in Hückeswagen.
Church of St Paul in Hückeswagen.
L'église Saint Paul (Pauluskirche) à Hückeswagen.

Sie blühen mit ihren Reizen weitgehend im Verborgenen und wollen erobert werden – die großen Drei im bergischen Städteverbund: Wuppertal, Remscheid, Solingen. Die kreisfreien Großstädte eint ihre ruhmreiche Vergangenheit und ihre beschaulich-lebendige Gegenwart.

Einfach genial war vor über 100 Jahren die Idee, das enge und lang gestreckte Tal der Wupper mit einem besonderen Verkehrsmittel zu verbinden – der Schwebebahn. Wobei der ursprüngliche (komplizierte) Name eigentlich korrekter ist: „Einschieniges Hängebahn System Eugen Langen". Der Ingenieur Eugen Langen aus Köln gilt als Vater der Hochbahn, die übrigens schon „schwebte", als Wuppertal noch gar nicht Wuppertal hieß, sondern u.a. Barmen, Elberfeld und Vohwinkel.

In der größten Stadt im Bergischen Land, die als grünste Großstadt Deutschlands gilt, muss man sich treiben lassen, muss die vielen Jugendstilfassaden und Villenviertel entdecken, lauschige Plätze ebenso wie urige Kneipen. In der Universitätsstadt wurde einst die bis heute populäre Anti-Schmerz-Droge Aspirin erfunden. Der Weltkonzern Bayer hat in Wuppertal (genauer im damals selbstständigen Elberfeld) seine Wurzeln. Friedrich Engels war hier zu Hause. Auch der frühere Bundespräsident Johannes Rau oder Pina Bausch mit ihrem Tanztheater waren bekennende Wuppertaler.

Als Stadt der steilsten Steigungen gilt Remscheid. Im Krieg stark zerstört, genießt der Industriestandort in Segmenten wie Schneidwaren, Werkzeuge und technische Besonderheiten (z.B. Türfeststeller) einen guten Namen. Auch Deutschlands wohl bekannteste Heiztechnikmarke ist „made in RS". Der Stadtteil Lennep begeistert durch viel bergisches Fachwerk.

Solingen, die kommunale Nr. 2 im Bergischen, gilt als die Stadt der Klingen und Messer. Auch der legendäre „Knirps" ist eine Solinger Erfindung und beschirmt seit Jahrzehnten seine Träger. Das O(berleitungs)-Bus-Netz ist eine umweltfreundliche Nahverkehrsalternative, das in Deutschland so nur noch dreimal existiert. Elektrisch und beinahe lautlos rollen die Busse durch die Straßen. Bedeutend für die gesamte Geschichte der bergischen Region ist Schloss Burg an der Wupper, der gut restaurierte Stammsitz der bergischen Grafen und Herzöge.

In den Ausläufern des Bergischen nach Nordwesten wird es flach und flacher, im Kreis Mettmann, dem Neanderland, liegt mit sieben Metern über Null der bergische Tiefpunkt im Städtchen Wülfrath. Auch Velbert – mit seinem neuem Sternekoch und dem Mariendom als futuristischer Wallfahrtskirche (im Stadtteil Neviges) – und Mettmann mit dem sehenswerten Neanderthal-Museum sind Attraktionen im niederen Teil des Bergischen Landes.

Their many scenic charms largely unsung, the ‘Big Three' which make up the Bergisches Land Triangle: Wuppertal, Remscheid and Solingen are a treasure waiting to be discovered. Though each has its own distinctive character, these three autonomous cities have two things in common – an illustrious past and a present which is both unassuming and at the same time vibrant.

It is over a hundred years since an engineer from Cologne had the inspired idea of opening up the long, narrow Wupper Valley by means of a new and unique form of transport – the now iconic overhead railway known as the ‘Schwebebahn'. Its original (and rather more unwieldy!) title was the “Eugen Langen single suspension track railway system", named after the man now generally credited as the father of the suspension railway. Interestingly, the ‘Wuppertal' railway actually pre-dates the town of the same name – at the time it was being built it was known variously as Barmen, Elberfeld or Vohwinkel.

Now the largest city in Bergisches Land, and reckoned by many to be the greenest city in Germany, Wuppertal deserves to be explored at leisure. And there is much to admire here – from its Art Nouveau facades and exclusive villas to charming secluded squares and traditional pubs. This university town was also where the popular painkilling drug aspirin was first discovered and the global chemical giant Bayer has its roots in Wuppertal (or, more precisely, in what was then the autonomous district of Elberfeld). Other famous Wuppertal names include Friedrich Engels, the former Federal President of Germany Johannes Rau and the distinguished dancer and choreographer Pina Bausch.

Characterised by its many steep hills, the city of Remscheid suffered great wartime devastation. Now this key industrial location has established a global reputation in key industry sectors such as cutlery, toolmaking and niche technical specialisms, such as the manufacture of door stops. Also “made in RS" is Germany's best-known heating technology company. The district of Lennep has a wealth of attractive Bergisch-style half-timbered buildings.

Solingen, the second largest city of the “Bergisch Three", is famous for the manufacture of all kinds of blades and knives and the telescopic umbrella, an everyday sight for decades now, was also invented in Solingen. One of only four of its kind in Germany, the overhead rail-mounted trolleybus network, with its ultra-quiet electric buses, is an environmentally-friendly local transport option. An important landmark in the history of the whole Bergisches Land region is the superbly-restored Burg Castle on the river Wupper, once the seat of the Bergisch Counts and Dukes.

In the foothills of the Bergisches Land to the north-west the landscape becomes flatter and flatter until it reaches its lowest point in the district of Mettmann (known as the Neanderland) with the little town of Wülfrath – just seven metres above sea level. Attractions in this lower part of the Bergisches Land include Velbert, with its cordon bleu cuisine and the futuristic pilgrimage church, known as the "Mariendom" (St Mary's Cathedral) in the district of Neviges, and Mettmann, with its fascinating Neanderthal Museum.

Les trois grandes villes de la communauté urbaine du pays de Berg, Wuppertal, Remscheid, Solingen possèdent de nombreux attraits au charme secret et n'attendent que de conquérir le visiteur. Ces trois grandes villes-arrondissements ont en commun un passé glorieux et un présent à la fois paisible et animé.

Il y a plus de 100 ans, l'idée de desservir la longue et étroite vallée de la Wupper avec un moyen de transport particulier, le chemin de fer suspendu, a été tout simplement géniale. Il serait en fait plus correct de l'appeler par son nom initial (compliqué), « chemin de fer à suspension monorail d'Eugen Langen ». L'ingénieur Eugen Langen originaire de Cologne est considéré comme le père du train aérien, qui d'ailleurs était déjà « suspendu » à l'époque où Wuppertal ne portait pas encore le nom de Wuppertal mais rassemblait, entre autres, les agglomérations de Barmen, Elberfeld et Vohwinkel.

Il faut se laisser charmer par cette ville, la plus importante du pays de Berg, et qui est considérée comme la grande ville la plus verte d'Allemagne, découvrir ses nombreuses façades Jugendstil et ses quartiers où se nichent de somptueuses villas, ses endroits secrets et ses bistrots typiques. C'est dans cette ville universitaire que fut autrefois inventé le remède antidouleur le plus populaire jusqu'à aujourd'hui, à savoir l'aspirine. Le groupe international Bayer a ses racines à Wuppertal (plus exactement à Elberfeld qui était autrefois une ville indépendante). Friedrich Engels était originaire de Wuppertal. De même l'ancien Président fédéral Johannes Rau ou encore Pina Bausch avec sa compagnie de danse contemporaine, le « Tanztheater » (théâtre-danse) sont wuppertaliens et se revendiquent comme tels.

Remscheid passe pour être la ville où l'on trouve les côtes les plus raides. Fortement détruite pendant la guerre, cette ville industrielle s'est fait un nom dans des secteurs comme la coutellerie, l'outillage et les techniques spécifiques (par ex. les dispositifs de blocage de porte). De même la marque de technologies de chauffage certainement la plus connue en Allemagne est « made in RS ». Le quartier de de Lennep ne manquera pas de susciter l'enthousiasme avec ses nombreuses édifices en colombage, typiques du pays de Berg.

Solingen, la deuxième commune du pays de Berg, est considérée comme la ville des lames et des couteaux. Le légendaire « Knirps » a lui aussi été inventé à Solingen et protège depuis des décennies ceux qui en sont possesseurs. Le réseau de trolleybus est une alternative de transport urbain préservant l'environnement qui n'existe que dans deux autres villes en Allemagne. Les trolleybus circulent sur la route presque sans bruit, grâce à un moteur électrique dont le courant est fourni par deux caténaires. Berceau de la lignée des comtes et des ducs de Berg, le château de Burg sur la Wupper été remarquablement restauré et a une importance particulière dans l'histoire de la région de Berg.

Dans les contreforts du pays de Berg, en allant vers le nord-ouest le relief s'aplanit, c'est dans l'arrondissement de Mettmann, le Neanderland, et dans la petite villle de Wülfrath, que se situe le point le plus bas du pays de Berg, avec 7 mètres au-dessus de 0. Velbert – qui peut s'enorgueillir de son nouveau chef étoilé ainsi que de la cathédrale Sainte Marie (Mariendom) église à l'architecture futuriste destinée à accueillir des pèlerins (dans le quartier de Neviges) – et Mettmann avec son très intéressant musée du Neandertal constituent des attractions de choix du Bas-Berg, la région inférieure du pays de Berg.

Trödelmarkt am letzten Sonntag im September unter der Schwebebahn in Wuppertal-Vohwinkel.
The flea market underneath the overhead railway in Wuppertal-Vohwinkel is held on the last Sunday in September.
Marché aux puces le dernier dimanche de septembre sous le « train suspendu » à Wuppertal-Vohwinkel.

Der legendäre Kaiserwagen.
The legendary “Emperor’s Carriage”.
La légendaire voiture de l’empereur.

Standbild von Else Lasker-Schüler in Wuppertal-Elberfeld.
Memorial to Else Lasker-Schüler in Wuppertal-Elberfeld.
Statue d'Else Lasker-Schüler à Wuppertal-Elberfeld.

Flamingos im Wuppertaler Zoo.
Flamingos at Wuppertal Zoo.
Flamants roses au zoo de Wuppertal.

Die Tony-Cragg-Skulptur „I'm alive" steht vor dem Opernhaus.
Tony Craggs' sculpture entitled "I'm alive" stands near the opera-house.
La sculpture de Tony-Craag « I'm alive » est située devant l'opéra.

Van-der-Heydt-Museum.
The Van der Heydt Museum.
Musée Van der Heydt.

Engelshaus.
Friedrich Engels' house.
Maison d'Engels.

Mosaik am Gewächshaus des Botanischen Gartens.
Mosaic detailing on a greenhouse in the botanical gardens.
Mosaïque de la serre du jardin botanique.

Der Tölle-Turm im Botanischen Garten.
The Tölle tower in the botanical gardens.
La tour panoramique se trouve dans le jardin botanique.

Der Wupper-Stausee mit der Klosterkirche in Beyenburg.
The Wupper reservoir and abbey church of Beyenburg.
À Beyenburg, le lac de retenue sur la Wupper avec l'église conventuelle.

Das Dorf Beyenburg. | The village of Beyenburg. | Le village de Beyenburg.

Frau am Spinnrad. | Woman spinning. | Femme au rouet.

Wuppertal-Cronenberg.

Eine Tür in Kohlfurth. | Door in Kohlfurth. | Porte à Kohlfurth.

Die Wupper fließt hier unterhalb des Straßenbahndepots an der Ortsgrenze von Wuppertal-Kohlfurth und Solingen entlang.
Here the Wupper river flows underneath the tram depot at the border between the Wuppertal-Kohlfurth district and Solingen.
La Wupper passe ici en dessous du dépôt des tramways à la limite entre les localités de Wuppertal-Kohlfurth et Solingen.

Schrankenkunst.
Barrier art.
Barrières.

Der Steffenshammer in Remscheid-Hasten.
Steffens Forge in Remscheid-Hasten.
Le « Steffenshammer » forge mécanique, à Remscheid-Hasten.

Giebel am Steffenshammer.
Gable on Steffens Forge.
Pignon du « Steffenshammer ».

Am Röntgenmuseum in Remscheid-Lennep.
The Röntgen Museum in Remscheid-Lennep.
Près du musée Röntgen à Remscheid-Lennep.

Remscheid-Lennep.

Remscheid-Lennep.

Blick auf den Alten Markt in Remscheid-Lennep.
View of the old marketplace in Remscheid-Lennep.
Vue sur le vieux marché de Remscheid-Lennep.

Die 1897 entstandene Müngstener Brücke ist stolze 107 Meter hoch.

Müngsten Bridge, built in 1897, is an incredible 107 metres high.

Le viaduc de Müngsten construit en 1897 domine la vallée de ses 107 mètres de haut.

Blick auf Bergisch-Born. | View of Bergisch-Born. | Vue sur Bergisch-Born.

Fachwerkfassaden in Solingen-Gräfrath.
Half-timbered facades in Solingen-Gräfrath.
Façades en colombages à Solingen-Gräfrath.

Wetterfahne St. Mariä Himmelfahrt.
Weather-vane on the Church of St Mary of the Assumption.
La girouette de l'église Sainte Marie de l'Ascension
(St. Mariä Himmelfahrt).

Das Solinger Klingenmuseum.
Solingen Blade Museum.
Le musée de la lame à Solingen.

St.-Clemens-Kirche und Mühlenplatz.
Church of St. Clement and Mühlenplatz square.
L'église saint Clément et la place du moulin (Mühlenplatz).

Der Busbahnhof in der Kölner Straße.
The bus station in Kölner Strasse.
La gare routière rue de Cologne (Kölner Straße).

Ansicht des Solinger Rathauses.
View of Solingen town-hall.
Vue de l'hôtel de ville de Solingen.

Impression aus Solingen-Wald.
Impression of Solingen-Wald.
Impressions de la Solingen-Wald.

Schloss Casparsbroich.
Casparsbroich Castle.
Le château Casparsbroich.

Fachwerkhäuser in Solingen-Merscheid.
Half-timbered houses in Solingen-Merscheid.
Maisons en colombage à Solingen-Merscheid.

Die Becher Mühle am Lochbach in Merscheid.
Becher Mill beside the Lochbach river in Merscheid.
Le moulin Becher sur la rivière Lochbach à Merscheid.

Am Gräfrather Markt.
At the Gräfrath market.
Au marché de Gräfrath.

Solingen-Gräfrather Impression.
An impression of Solingen-Gräfrath.
Impressions de Solingen-Gräfrath.

Engel in Solingen-Gräfrath.
Angel in Solingen-Gräfrath.
Anges à Solingen-Gräfrath.

Beeindruckendes Panorama: Schloss Burg und das Bergische. | Impressive panoramic view of Burg Castle and the Bergisches Land. | Un panorama impressionnant: le château de Burg et les monts du pays de Berg.

Dorf Burg an der Wupper. | The village of Burg on the Wupper river. | Le village de Burg sur la Wupper.

Eingang zu Schloss Burg.
Entrance to Burg Castle.
Entrée du château de Burg.

Im Balkhauser Kotten.
Inside the Balkhauser Kotten cottage workshop.
Dans le « Balkhauser Kotten », musée de la manufacture de lames.

Hübsches Blumenfenster.
A pretty window-box.
Jolie fenêtre fleurie.

Wipper Kotten in der Wipperaue.
The Wipper Kotten cottage workshop in Wipperaue.
Le « Wipper Kotten » dans le secteur de la « Wipperaue ».

Blick auf die Kirche St. Maximin in Wülfrath-Düssel.
View of the Church of St. Maximin in Wülfrath-Düssel.
Vue sur l'église St. Maxime à Wülfrath-Düssel.

Moderne Wallfahrtskirche in Velbert-Neviges.
Contemporary pilgrim church in Velbert-Neviges.
L'église moderne de Velbert-Neviges.

Ein Karnevalsjeck in Velbert-Langenberg.
Carnival 'fool' in Velbert-Langenberg.
Un carnavaleux à Velbert-Langenberg.

In Wülfrath liegt diese Wohnsiedlung mit dem Hundertwasser-Kindergarten.
Housing complex and kindergarten (designed by Hundertwasser) in Wülfrath.
Cette cité avec son jardin d'enfant réalisé par Hunderwasser se trouve à Wülfrath.

Rapsfelder auf den Höhen zwischen Mettmann und Wülfrath.
Rape fields on the hills between Mettmann and Wülfrath.
Champs de colza sur les hauteurs entre Mettmann et Wülfrath.

Diese zeitgenössisch-authentische Ausgabe des Neanderthalers ist im futuristischen Museumsgebäude an der Ortsgrenze von Erkrath und Mettmann zu bewundern.
This contemporary replica of Neanderthal man is one of the exhibits on show in the futuristic museum building on the border between the districts of Erkrath and Mettmann.
On peut admirer cet exemplaire original authentique de l'homme de Néanderthal dans le musée à l'architecture futuriste situé à la limite des communes d''Erkrath et Mettmann.

Wo die Wälder noch rauschen, die Nachtigall singt, die Berge hoch ragen, der Amboss erklingt, (...) wo im Schatten der Eiche die Wiege mir stand, da ist meine Heimat, mein Bergisches Land.

Das Bergische Heimatlied aus dem späten 19. Jahrhundert trifft die Realität im beginnenden 21. Jahrhundert noch ziemlich genau – auch wenn die bergischen Berge nicht in den Himmel wachsen und die große Zeit der kleinen Hämmer und Schmieden längst Geschichte ist. „Rheinberg", wie die Region auch verkürzt genannt wird, grenzt im Norden an die Ruhr, im Westen an Köln und den Rhein und im Süden an die Sieg und das Siebengebirge. Im Osten ist die Grenze zum Oberbergischen fließend auf einer gedachten Linie von Waldbröl im Süden über Engelskirchen und Wipperfürth bis Radevormwald im Norden.

Wälder, Wiesen und weite Blicke, gerne bis nach Köln oder über den Rhein in die Voreifel – das Bergische ist für die umliegenden Großstädte ein Dorado im Grünen, das einfach nur um die Ecke liegt. Hier wandert man, hier kauft man schmackhaftes Obst, frische Eier und duftendes Brot aus dunklem Schrot vom Bauern und Bäcker seines Vertrauens. Die Menschen im Bergischen, die mit „GL" (für die Kreisstadt Bergisch Gladbach) auf dem Autokennzeichen unterwegs sind, lieben das Bodenständige, poltern und jubeln geradeheraus und sind bestens erprobt im Feiern! Vom Osterfeuer bis zum Erntedank – dutzende Feste füllen den Terminkalender. Das Veranstaltungsfestival „Bergischer Herbst" präsentiert jedes Jahr aufs Neue eine Vielzahl von Festen und Feiern zum Sehen, Schmecken, Hören, Mitmachen und Bewegen.

Das Bergische Land geizt in seiner rheinischen Spielart nicht mit seinen Reizen, als da u.a. wären: das Schloss in Bensberg und das im benachbarten Lerbach – in beiden Häusern verwöhnen Sterneköche neugierige Gaumen –, der Dom zu Altenberg, viele Wasserlandschaften (z.B. die wildromantische Sengbach-Talsperre bei Solingen) und hübsche kleine Ortschaften wie Witzhelden, wo bergischer Schiefer und bergisches Fachwerk in schwarz-weiß-grün das Ortsbild prägen.

Vor allem Eisenbahnfreunde kennen die Müngstener Brücke, einen stählernen Koloss aus dem späten 19. Jahrhundert. 107 Meter hoch, überbrückt sie als höchste Bahnbrücke Deutschlands zwischen Wuppertal und Solingen die Wupper und wird nach wie vor befahren. Was für eine technische Meisterleistung dieses Bauwerk ist, erkennt man am besten von unten – ein Wanderweg schlängelt sich genau unter dem Stahlgiganten am Fluss lang.

Where mountains soar ever upwards, where you can hear the rustle of the woodland, the sweet song of the nightingale and the sound of hammer on anvil, (...) where my cradle once stood in the shadow of the oak tree - there is my home, my Bergisches Land.

Even though we know the Bergisch Mountains are not actually growing skywards and the age of blacksmiths and forges is now but a distant memory, this late 19th century folksong still has resonance in our own times. The region known as "Bergisches Land", often called "Rheinberg" for short, borders the Ruhr district to the north, Cologne and the Rhine to the west and the Sieg Valley and the hills of the Siebengebirge to the south. In the east the border with the Oberberg district follows an imaginary line from Waldbröl in the south via Engelskirchen and Wipperfürth to Radevormwald in the north.

With forests, meadows and extensive views as far as Cologne or across the Rhine towards the Voreifel mountains – the Bergisches Land provides the surrounding cities with a green el dorado – right on their doorstep! For them it is a great place to go hiking, buy tasty fruit, freshly-laid eggs and wholesome dark granary bread from farmers and bakers they can really trust. The people of this region – you will recognise them from their "GL" (Bergisch-Gladbach) number plates – are honest, down-to-earth folk who like to party and have fun. In fact, they are at their best when they have something to celebrate! And the dozens of festivals on the Bergisch calendar provide plenty of opportunity to do just that – from Easter right through to harvest festival. An annual autumn highlight is the "Bergischer Herbst", a diverse festival of events featuring delicious local food and a wide range of art, music and sporting activities.

The Bergisches Land has no shortage of delightful Rhenish attractions, including Bensberg and Lehrbach Palaces – both offering award-winning gourmet cuisine – the cathedral at Altenberg, diverse watery landscapes (for example, the romantic wilderness of the Sengbach dam at Solingen) and pretty little villages such as Witzhelden with the characteristic black, red and green of its traditional half-timbered, slate-roofed buildings.

A landmark well known among railway enthusiasts is Germany's highest railway bridge, the 107-metre high Müngstener Brücke.

This vast steel structure was built in the late 19th century to carry traffic across the Wupper river between Wuppertal and Solingen, a function it still fulfils today. The best way to fully appreciate this magnificent feat of engineering is from underneath – a hiking trail follows the path of the river directly below this huge bridge.

Là où l'on entend encore le murmure des forêts, où chante le rossignol, où les montagnes s'élèvent dans les cieux, où retentit l'enclume, (...) là où dans l'ombre du chêne se trouvait mon berceau, c'est là qu'est mon doux pays natal, mon pays de Berg.

Ce chant qui date de la fin du 19ème siècle correspond encore relativement bien à la réalité de ce début du 21ème siècle, même si les montagnes du pays de Berg ne s'élèvent pas jusqu'aux cieux et que la grande époque des marteaux et des forges appartient depuis longtemps au passé. Le « Rheinberg », comme on aime bien aussi appeler plus brièvement cette région est limitrophe de la Ruhr au nord, de Cologne et du Rhin à l'ouest, de la Sieg et des « Siebengebirge » (sept montagnes) au sud. A l'est, la limite avec le Haut-Berg est marquée de façon assez vague par une ligne imaginaire qui va de Waldbröl au sud en passant par Engelskirchen et Wipperfürth jusqu'à Radevormwald au nord.

Des forêts, des prairies, et un horizon panoramique, jusqu'à Cologne ou au-delà du Rhin dans la région du Voreifel – le pays de Berg est un paradis vert pour les grandes villes environnantes, et c'est la porte à côté. On peut y faire de la randonnée, y acheter des fruits savoureux, des œufs frais, et du pain fait avec de la farine bise grossièrement moulue par des paysans et des boulangers de confiance . Les habitants du pays de Berg, qui ont pour plaque d'immatriculation « GL » (pour Bergisch Gladbach, le chef-lieu de district) aiment la simplicité du terroir et sont de gais lurons, toujours prompts à faire la fête! Du feu pascal à la fête des récoltes, des dizaines de fêtes sont inscrites au calendrier. Le festival d'automne « Bergischer Herbst » (automne en pays de Berg) présente chaque année une grande variété de manifestations offrant matière à voir, à goûter, à entendre, mais offrant aussi la possibilité de participer activement et de se donner du mouvement.

Le pays de Berg dans sa partie rhénane n'est pas avare de d'atouts : entre autres le château de Bensberg et celui situé dans le village voisin de Lerbach – dans ces deux établissements, des chefs étoilés réjouiront les papilles des palais curieux –, la cathédrale d'Altenberg, de nombreux paysages aquatiques (par ex. le barrage romantique et sauvage de la Sengbach près de Solingen) ainsi que de nombreux autres charmantes petites localités comme Witzhelden, où l'ardoise et le colombage du pays de Berg donnent au paysage ces tonalités noir-blanc- gris si caractéristiques.

Ce sont surtout les amoureux du chemin de fer qui connaissent le viaduc de Müngsten (Müngstener Brücke), un colosse en acier datant de la fin du 19ème siècle. D'une hauteur de 107 mètre, c'est le plus haut pont de chemin de fer d'Allemagne, il relie Wuppertal et Solingen en passant au-dessus de la Wupper et est toujours emprunté par les trains. On se rend particulièrement bien compte de l'exploit technique que représente cet ouvrage en le regardant du bas, un chemin de randonnée se faufile en effet juste sous le géant d'acier le long du fleuve.

Heiligenfiguren an der Stirnseite des Altenberger Doms. | Carved figures of the saints on the front of Altenberg Cathedral. | Personnages de saints sur la façade de la cathédrale d'Altenberg.

Der Altenberger Dom, auch als Bergischer Dom bekannt, basiert auf der Klosterkirche der 1133 gegründeten Zisterzienserabtei Altenberg. Sie liegt oberhalb des Flüsschens Dhünn und wird seit über einem Jahrhundert als gemeinsame evangelische und katholische Pfarrkirche genutzt. In der dreischiffigen Basilika befinden sich beeindruckende Buntglasfenster.

Altenberg Cathedral, also known as the "Bergisch Cathedral", was part of the Cistercian abbey of Altenberg, built in 1133. Overlooking the river Dhünn, the cathedral has been used by Catholics and Protestants alike for over a hundred years. The triple-nave basilica has magnificent stained glass windows.

La cathédrale d'Altenberg (Altenberger Dom), également connue sous le nom de cathédrale de Berg (bergischer Dom), repose sur l'église du monastère abbatiale de l'abbaye cistercienne d'Altenberg fondée en 1133. Elle est située au-dessus de la rivière Dhünn et est utilisée depuis plus d'un siècle comme église paroissiale à la fois pour les cultes protestant et catholique. On trouve dans la basilique à trois nefs de remarquables vitraux.

Marienkapelle. | Chapel of Our Lady. | Chapelle sainte Marie.

Der sogenannte Hexenbrunnen auf dem Dorfplatz.
The "Witches' Well" on the village square.
La « fontaine aux sorcières » place du village.

Brunnen und altes Rathaus in der Ortsmitte von Odenthal.
Fountain and old town-hall at the centre of Odenthal.
Fontaine et ancienne mairie au centre de la localité d'Odenthal.

Trinkwasserbrunnen des Künstlers Walter Jensen.
Drinking fountain designed by artist Walter Jensen.
Fontaine d'eau potable réalisée par l'artiste Walter Jensen.

Im Leichlinger Ortsteil Balken im Tal des Morbaches liegt mit dem Sinnes-Wald ein von lokalen Künstlern geschaffenes Kleinod.

Created by local artists, the “SinnesWald” in the Balken district of Leichling in the Morbach Valley offers a fascinating multi-sensory forest experience.

Dans le quartier de Balken à Leichlingen dans la vallée de la Morbach, la « Sinneswald », est un véritable petit bijou créé par des artistes locaux.

Hölzerner Fotografenkollege im Leichlinger Stadtpark.
Wooden photographer in Leichling's municipal park.
Photographes en bois dans le jardin public de Leichlingen.

Haus Vorst im Süden Leichlingens.
Haus Vorst, a well-preserved hilltop castle in the south of Leichlingen.
Le château « Haus Vorst » au sud de Leichlingen.

Fachwerkhäuser am Markt im Ortsteil Witzhelden.
Half-timbered houses on Witzhelden's market square.
Maisons en colombage près du marché dans le quartier de Witzhelden.

Eine lange Tradition besitzt der Umzug zum Erntedankfest im Höhendorf Witzhelden.

Continuing a long tradition – the harvest festival procession through the hilltop village of Witzhelden.

À Höhendorf Witzhelden le défilé à l'occasion de la fête de la récolte est une tradition ancienne.

Am Raderweg im Zentrum Burscheids.
In the centre of Bensberg is the street Am Raderweg.
Le « Raderweg », dans le centre de Bensberg.

An der Burscheider Hauptstraße liegt die evangelische Kirche.
Evangelical church on Bensberg's high street.
L'église protestante se trouve dans la rue principale de Bensberg.

Weiler Asmannskotten auf den Höhen über Wermelskirchen.
The tiny hamlet of Asmannskotten in the hills above Wermelskirchen.
Le hameau d'Asmannskotten sur les hauteurs au-dessus de Wermelskirchen.

Im Dorf Kreckersweg.
The village of Kreckersweg.
Dans le village de Kreckersweg.

Kirche in Dabringhausen-Grunewald.
Church in Dabringhausen-Grunewald.
Eglise de Dabringhausen-Grunewald.

Fachwerk in Dabringhausen.
Half-timbered architecture in Dabringhausen.
Colombage à Dabringhausen.

Dabringhauser Straße.

Alter Markt von Wermelskirchen. | Old market square in Wermelskirchen. | Ancien marché de Wermelskirchen.

Wegweiser zur Siedlung Habenichts.
Signpost to housing in Habenichts.
Panneau indiquant la cité d'Habenichts.

Typische Landschaft beim Dorf Enkeln. | Typical countryside around the village of Enkeln. | Paysage typique près du village d'Enkeln.

Viersbach oberhalb der Dhünntalsperre.
Viersbach overlooking the Dhünntal dam.
Viersbach au-dessus du barrage de la Dhünn.

Müllenberger Impression.
An impression of Müllenberg.
Impressions de Müllenberg.

Gemütlichkeit im Winkel.
Cosiness in the street Im Winkel.
Un petit coin de détente et de bien-être.

Bergstraße.

Blick auf Gut Hungenbach.
View of Gut Hungenbach.
Vue sur le domaine d' Hungenbach.

Landschaft an der Bergischen Route.
Countryside along the “Bergische Route” trail.
Paysage sur l’itinéraire traversant le pays de Berg.

Rathausplatz.
Town-hall square.
Place de l'hôtel de ville.

Laurentiuskirche und Treppenturm des Bürgerhauses „Bergischer Löwe“.
Church of St Laurentius and stair tower of the “Bergischer Löwe”.
Eglise Saint Laurent (Laurentiuskirche) et tour escalier de la maison patricienne « le lion de Berg » (Bergischer Löwe).

Sonnenuhr am Rathaus.
Sundial on the town-hall.
Cadran solaire de l'hôtel de ville.

Villa Zanders.

Erker am Rathaus.
Oriel window on the town-hall.
Hôtel de ville, encorbellement.

Bergischer Löwe am Konrad-Adenauer-Platz.
The “Bergischer Löwe” on Konrad Adenauer Square.
Le lion de Berg (Bergischer Löwe) place Konrad Adenauer.

Papierschöpfer am Markt.
Paper-makers on the market square.
Fabricant de papier sur le marché.

Schloss Bensberg. | Bensberg Palace. | Château de Bensberg.

Burggraben. | The old castle moat. | Le fossé circulaire.

Blick über Bensberg.
View of Bensberg.
Vue sur Bensberg.

Vogelhäuser am Burggraben.
Bird-houses on the old castle moat (Burggraben).
Cabanes pour oiseaux près du fossé (Burggraben).

Am Burggraben.
At the old castle moat (Burggraben).
Le fossé circulaire (Burggraben).

Freilichtmuseum Bensberg.
Bensberg open-air museum.
Musée en plein air de Bensberg.

Schloss Lerbach. | Lerbach Palace. | Château de Lerbach.

Kirche St. Severin in Sand. | Church of St. Severin in Sand. | Eglise St. Séverin à Sand.

Herrenstrunden am Gut Schiff.
"Gut Schiff" farm in Herrenstrunden.
Herrenstrunden sur le domaine de Schiff.

Park in Herrenstrunden.
Parc à Herrenstrunden.

Burg Zweiffel.
Zweiffel Castle.
Château de Zweiffel.

Menzlingen.

Torhaus von Schloss Eulenbroich.
Gatehouse of Eulenbroich Castle.
Maison de gardien du château d' Eulenbroich.

Rathaus in Rösrath.
Rösrath town-hall.
Hôtel de ville de Rösrath.

Untereschbach-Steinenbrück.

Overath-Marialinden.

Förderturm am Golfplatz Lüderichberg.
Old winding-gear on the Lüderichberg golf course.
Chevalement d'extraction sur le terrain de golf de Lüderichberg.

Die Agger in Vilkerath.
The river Agger at Vilkerath.
L'Agger à Vilkerath.

Bergauf und immer gerade aus! Wer zum Beispiel von Köln über die A4 in Richtung Osten fährt, gewinnt zunehmend an Höhe, kaum merklich zwar, aber doch stetig. Immerhin: Die höchsten Höhen in „Oberberg“ erreichen über 500 Meter und lassen auf sanft geschwungenen Hügeln in weißen Wintern sogar fröhliches Schneevergnügen zu.
Oberberg liegt im westlichen Auslauf des Rheinischen Schiefergebirges, grenzt u.a. an Wuppertal und Remscheid und geht fließend über nach Rheinberg, ins Sauerland und in den Westerwald (Kreis Altenkirchen). Als Herz der Region gilt Gummersbach, die Kreisstadt, deren Autokennzeichen „GM“ vieltausendfach durch die Welt kutschiert wird. Unter Sportfreunden ist Gummersbach seit Jahrzehnten ein wohlklingender Begriff: Die Erstliga-Handballer des VfL haben die Stadt im sportlichen Europa zum Gütezeichen gemacht.
Das älteste Bauernhaus der Region – ein gelungenes Beispiel für ein niederdeutsches Hallenhaus aus dem 16. Jahrhundert – erfreut in Marienheide-Müllenbach als „Museum Haus Dahl“ die Besucher. Das typische bergische Gestein, die Grauwacke, begegnet einem in vielen Stadtbildern und wird bis heute u.a. in Lindlar abgebaut.
Das gesamte Bergische hat sich als Wanderland seinen Platz im deutschen Regionaltourismus gesichert. Als einer von zwei Fernwanderwegen bietet der Bergische Panoramasteig, der fast komplett durch Oberberg führt, das, was man von seinem Namen erwarten darf: eindrucksvolle Aussichten in eine weite Landschaft und in Dutzende von schmalen, schluchtartigen und meist feuchten Kerbtälern, die hier „Siepen“ oder „Siefen“ genannt werden.
Kulinarisch hat sich die bergische Ecke im „Spezialitätenbuch der Genießer“ verewigt, und zwar mit der nur hier praktizierten, sehr reichhaltigen „Bergischen Kaffeetafel“: Waffeln mit Kirschen, Vanilleeis und Milchreis, Schwarzbrot, Graubrot, Stuten, Zwieback und Burger Brezeln. Dazu gibt es Wurst, Käse, Honig, Apfelkraut, Butter und Quark. Der Kaffee tröpfelt aus der Dröppelminna, einer Zinnkanne mit drei Beinen und Hahn, die vielleicht als bergische Spielart des russischen Samowar gelten kann. Ein Aufgesetzter und/oder ein bergischer Korn zum Abschluss der Kaffeetafel ist ein Muss. Manchmal dürfen es auch zwei oder drei sein ...
Ob Rheinberg oder Oberberg – das Bergische ist ein lebens- und liebenswertes Stück Heimat, das alle Sinne anspricht.

Up the hill we go! Visitors heading eastwards to this region via the A4 from Cologne will be aware of the steady, almost imperceptible, climb; it is worth noting that the highest peaks in “Oberberg” reach a height of over 500 metres and in winter it is even possible to enjoy a bit of skiing on their gently undulating slopes.
Bordering Wuppertal and Remscheid, the town of Oberberg is situated in the western foothills of the “Rheinische Schiefergebirge” (Rhenish Slate Mountains) and merges seamlessly into Rheinberg, the Sauerland and Westerwald (a district of Altenkirchen). At the heart of the region is the district capital, Gummersbach – its “GM” number-plates a familiar sight all over the world. The town has had a long association with sport – its first division handball team – VfL Gummersbach – have put this place firmly on Europe's sporting map.
The oldest farmhouse in the region, situated in Marienheide-Müllenbach, is a fine example of a Low German hall house from the 16th century. Today it houses the “Museum Haus Dahl”, and welcomes visitors from far and wide. The stone used in its construction, known as Bergisch greywacke, is a characteristic feature of the townscapes of this region and is quarried in various places, including Lindlar.
The whole of the Bergisches Land is well-known as a popular region for keen walkers. The “Bergische Panoramasteig”, one of two long-distance trails, runs almost its complete length through Oberberg. As its name suggests, this stunning panoramic route provides wonderful views across open countryside and the dozens of narrow, gorge-like and mostly lush V-shaped valleys, known as “Siepen” or “Siefen”.
The Bergisch region is also famous for its gourmet food and for a culinary tradition which is unique to this part of the world – the truly sumptuous “Bergische Kaffeetafel”, consisting of waffles topped with cherries, vanilla ice-cream and rice pudding, dark rye bread, biscuits and Burg pretzels, plus cold meats, cheeses, honey, apple kraut, butter and quark. Coffee is served out of a “Dröppelminna”, a tin pot with three legs and a tap – a kind of

Bergisch interpretation of the Russian samovar. A little nip of something warming and/or a local Bergisch "Korn" liqueur adds a suitable finishing touch to this delightful repast. The "Kaffeetafel" is definitely a treat to enjoy more than once ...

From Rheinberg or Oberberg, the Bergisches Land is a delightful place to indulge the senses – a warm and friendly 'home from home'.

Gravir la montagne et continuer toujours tout droit! Celui qui va par exemple de Cologne via la A4 en direction de l'est, prend constamment de la hauteur, de façon certes à peine perceptible mais pourtant constante. Les monts les plus élevés du « Haut-Berg » (Oberberg) font tout de même plus de 500 mètres de haut et leurs collines légèrement vallonnées se prêtent, lors des hivers enneigés, aux joies des sports d'hiver.

Le Haut-Berg (Oberberg) est situé dans la partie ouest du massif schisteux rhénan, il est limitrophe entre autres de Wuppertal et de Remscheid et il rejoint vers Rheinberg le Sauerland et le Westerwald (arrondissement d'Altenkirchen). Le chef-lieu, Gummersbach, dont la plaque d'immatriculation « GM » s'est très largement baladée à travers le monde, est considéré comme le cœur de la région. Le nom de Gummersbach est depuis des décennies, un nom fameux pour les amateurs de sport: les handballeurs de première division du VfL ont fait de la ville un pôle d'excellence de l'Europe du sport.

A Marienheide-Müllenbach, la plus ancienne ferme de la région, le musée maison Dahl (Museum Haus Dahl) exemple réussi de maison-halle d'Allemagne du nord du 16ème siècle, enchante les visiteurs. On rencontre la roche typique du pays de Berg, la « Grauwacke », dans de nombreuses images de la ville, cette roche est exploitée aujourd'hui encore à Lindlar, entre autres.

Le pays de Berg bénéficie dans son ensemble, en tant que territoire de randonnée, d'une place de choix dans le tourisme régional en Allemagne. L'un des deux chemins de grande randonnée, le « Bergische Panoramasteig » (sentier panoramique du pays de Berg), qui traverse presque tout le Haut-Berg, offre ce que l'on est en droit d'attendre à la lecture de son nom: des vues impressionnantes sur un paysage panoramique et dans des dizaines de vallées étroites et encaissées, semblables à des gorges et la plupart du temps humides, que l'on appelle ici « Siepen » ou « Siefen ».

Du point de vue gastronomique, la région de Berg a été immortalisée dans le « livre des spécialités des gourmets » avec le fameux et très copieux « bergische Kaffeeetafel », que l'on ne sert qu'ici: des gaufres avec des cerises, de la glace à la vanille et du riz au lait, du pain noir, du pain bis, de la « Stuten » (brioche qui ressemble au pain au lait), de la biscotte et des Burger Brezel. Il y a en plus de la saucisse, du fromage, du miel, de la compote de pommes, du beurre et du fromage blanc. Le café coule goutte à goutte « Dröppelminna », un pichet en étain à trois pieds muni d'un robinet, qui peut probablement être considéré comme la version locale du samovar russe. Prendre un verre de spiritueux et/ou un « bergischer Korn » (variété d'eau de vie) pour conclure la « Kaffeetafel » est un rituel incontournable. Et parfois même deux ou trois ...

Rheinberg ou Haut-Berg – le pays de Berg est une région à vivre particulièrement attachante qui mettra tous vos sens en émoi.

Bevertalsperre bei Hückeswagen.
The Bevertal dam near Hückeswagen.
Le barrage de la Bever près d’Hückeswagen.

Marktstraße.

Kölner Straße.

Auf ´m Schloß.

Rathaus in Hückeswagen. | Hückeswagen town-hall. | Hôtel de ville de Hückeswagen.

Morgendunst über Drabenderhöhe. | Drabenderhöhe in the morning mist. | Rosée du matin sur Drabenderhöhe.

Wetterfahne auf dem Wiehler Rathaus.
Weather vane on top of Wiehl town-hall.
Girouette sur l'hôtel de ville de Wiehl.

Heißluftballon über dem Stadtzentrum. | Hot-air balloon over the town centre. | Montgolfière au-dessus du centre-ville.

Sorbische Schönheiten auf dem Hem-Platz.
"Sorbian beauties" on Hem square.
Beautés sorabes place Hem (Hem-Platz).

Oststraße.

Bücherschrank am Markt in Radevormwald.
Books for sale on Radevormwald market.
Bibliothèque sur le marché à Radevormwald.

Wülfing-Museum in Dahlerau.
Musée Wülfing à Dahlerau.

Heilteich in Marienheide. | The "Heilteich" pond in Marienheide. | Le « Heilteich » (parc) à Marienheide.

Im Dorf Gimborn. | The village of Gimborn. | Dans le village de Gimborn.

Schloss Gimborn.
Gimborn Castle.
Château de Gimborn.

Landschaft bei Dellweg.
Countryside near Dellweg.
Paysage près de Dellweg.

Marktplatz und Rathaus.
Market square and town-hall.
Place du marché et hôtel de ville.

Münzschlägerdenkmal.
Monument commemorating the right to mint coins.
Statue du frappeur de monnaie.

Katholische St.-Nikolaus-Kirche.
Catholic Church of St. Nicholas.
Eglise catholique St. Nicolas.

Schützenstraße in Gummersbach.
Schützenstrasse in Gummersbach.
Schützenstraße à Gummersbach.

Der Bücherfreund in der Kaiserstraße.
Book-lover in Kaiserstrasse.
Le bibliophile à rue de l'empereur (Kaiserstraße).

Sparkasse an der Kaiserstraße.
Bank in Kaiserstrasse.
Caisse d'épargne rue de l'empereur (Kaiserstraße).

Fresken in der Bunten Kirche Lieberhausen. | Frescoes in the "Bunte Kirche" (Colourful Church) in Lieberhausen. | Fresques dans l'église de Lieberhausen.

Bergneustädter Impressionen.
Impressions of Bergneustadt.
Impressions de Bergneustadt.

Bunte Kirche in Bergneustadt-Wiedenest.
Colourful church in Bergneustadt-Wiedenest.
Eglise avec fresques à Bergneustadt-Wiedenest.

Minchen und Jettchen, die tratschenden Waschweiber auf dem Losemundbrunnen.

Minchen and Jettchen, the gossiping washerwomen on the Losemund fountain (Losemund = loose lips).

Minchen und Jettchen, les lavandières en train de bavarder à la fontaine « Losemund » (qui délie les langues »).

Stadtweiher in Denklingen.
Town pond in Denklingen.
Le « Stadtweiher » (étang) à Denklingen.

Evangelische Kirche Eckenhagen.
Evangelical church in Eckenhagen.
Eglise protestante d'Eckenhagen.

Burgkapelle in Denklingen.
Castle chapel in Denklingen.
Chapelle du château de Denklingen.

Barockinterieur der evangelischen Kirche Eckenhagen.

Baroque interior of the evangelical church in Eckenhagen.

Intérieur baroque de l'église protestante d' Eckenhagen.

Wegweiser in Eckenhagen.
Signpost in Eckenhagen.
Panneau indicateur à Eckenhagen.

Detail aus dem Bauernhofmuseum.
Detail from the farming museum.
Détail du musée de la ferme (Bauernhofmuseum).

Schönes Fachwerk in Eckenhagen.
Attractive half-timberwork in Eckenhagen.
Joli colombage à Eckenhagen.

Fachwerkkleinod in Bruch.
Attractive half-timbered building in Bruch.
Joyau de l'art du colombage à Bruch.

Teich am Kurpark. | Pond in the spa gardens. | Pièce d'eau près du parc thermal.

An der Hauptstraße.

Kunst im öffentlichen Raum.
Open-air art.
L'art dans l'espace public.

Schloss Homburg.
Homburg Castle.
Château de Homburg.

Evangelische Schlosskirche.
Evangelical Schlosskirche.
Eglise protestante du château.

Säulenbrunnen im Kurpark. | Columned fountain in the spa gardens. | Fontaines colonnes dans le parc thermal.

Der Morsbacher Ortsteil Holpe.
The Holpe district of Morsbach.
Holpe, secteur de la localité de Morsbach.

Ortschaft Schnörringen – auf dem Weg nach Waldbröl.
The village of Schnörringen – on the way to Waldbröl.
Localité de Schnörringen – sur la route menant à Waldbröl.

Teuflischer Fotograf in Morsbach.
„Devillish photographer" in Morsbach.
Un „photographe diabolique" à Morsbach.

Rathausplatz mit Rähn-Willem-Brunnen.
Town-hall square with the Rähn Willem fountain.
Place de la mairie avec la fontaine Rähn-Willem.

Ländliches Idyll in Drinhausen.
Rural idyll in Drinhausen.
Idylle champêtre à Drinhausen.

Der beliebte Markt in den Straßen des Zentrums von Waldbröl.
The popular market in the streets of Waldbröl's town-centre.
Waldbröl et son marché, dans les rues du centre-ville.

Evangelische Kirche.
Evangelical church.
Eglise protestante.

Freiluftaltar Ommerborn auf der Ortsgrenze zu Wipperfürth.
Outdoor altar in Ommerborn close to the neighbouring district of Wipperfürth.
Autel en plein air d'Ommerborn à la limite de la commune de Wipperfürth.

Über den Dächern von Lindlar.
Above the rooftops of Lindlar.
Sur les toits de Lindlar.

Schloss Ehreshoven bei Engelskirchen.
Ehreshoven Castle near Engelskirchen.
Château d'Ehreshoven près d'Engelskirchen.

Die Wasserburg Haus Alsbach.
Moated Alsbach Castle.
Le château entouré de douves Haus Alsbach.

Wald bei Schnellenbach.
Forest near Schnellenbach.
Forêt près de Schnellenbach.

Abendstimmung an der Agger.
Evening ambiance beside the river Agger.
Crépuscule au bord de l'Agger.

Weihnachten in Engelskirchen.
Christmas in Engelskirchen.
Noël dans Engelskirchen.

Buchhinweise

Eine Wanderfahrt durch das Bergische Land

Handkolorierte Diapositive der Lichtbildanstalt Carl Simon & Co. aus der Zeit um 1930

foticon

ISBN: 978-3-95400-254-2

18,95 € [D]

Weihnachten im Bergischen Land

Olaf Link

ISBN: 978-3-95400-210-8

9,95 € [D]

Neanderland

Eine fotografische Entdeckungsreise durch den Kreis Mettmann

Udo Haafke

ISBN: 978-3-95400-110-1

14,95 € [D]